Generis

PUBLISHING

IMPACTO ECONÓMICO EN EL TURISMO DE CRUCEROS EN LA ACTUALIDAD

Eira Noemí Anaya González
Yajel Noemi Dufau Anaya

Title: IMPACTO ECONÓMICO EN EL TURISMO DE CRUCEROS EN LA ACTUALIDAD

ISBN: 979-8-88676-734-6

Author: Eira Noemí Anaya González, Yajel Noemi Dufau Anaya

Cover image: www.pixabay.com

Publisher: Generis Publishing
Online orders: www.generis-publishing.com
Contact email: info@generis-publishing.com

Contenido

RESUMEN

El viaje de placer llevado a cabo a bordo de un buque de pasajeros, por una región, continente o alrededor del mundo se conoce como la actividad de Turismo de Cruceros.

La importancia que genera esta actividad y el impacto económico, es que con la visita de pasajeros de alrededor del mundo puedan llevarse con ellos parte de la cultura, gastronomía y porque no, la idea de que lo que se les ofrece, les atrae tanto que puedan establecerse.

No obstante, visualizar el impacto que general el turismo de cruceros, tanto en la economía, como también en la creación de empleos o del posicionamiento ambiental, ya que nos daría un aspecto más en que los turistas pueden aprovechar lo que Panamá puede ofrecerles y contribuir con el crecimiento cultural y económico de las regiones visitadas.

Todo esto se logra dejando una imagen enaltecida de lo que se les puede ofrecer, ya que el resto resultaría un aliciente para la generación de empleos, creación de negocios y demás actividades resultantes de la visita de extranjeros en estos buques de cruceros.

Cabe destacar que el enfoque que se le dé a esta actividad turística, debe regirse con un plan que establezca parámetros para que las demás actividades que secunden, se beneficien y pueden mantenerse operando acorde con las exigencias de los mercados y las necesidades que emanen.

PALABRAS CLAVES

Turismo de crucero, impacto económico, posicionamiento ambiental, República de Panamá, cultural, barcos de cruceros

ABSTRACT

The pleasure trip carried out on board a passenger ship, through a region, continent or around the world is known as the Cruise Tourism activity.

The importance generated by this activity and the economic impact is that with the visit of passengers from around the world they can take with them part of the culture, gastronomy and why not, the idea that what is offered to them attracts them so much that they can be established.

However, visualizing the impact that cruise tourism generates, both in the economy, as well as in the creation of jobs or environmental positioning, since it would give us one more aspect in which tourists can take advantage of, what Panama can offer them and contribute to the cultural and economic growth of the regions visited by tourists.

All of the above can be done, having an exalted image of what can be offered to them, since the rest would be an incentive for the generation of jobs, business creation and other activities resulting from the visit of foreigners on these cruise ships. It should be defined that the approach given to this tourist activity must be governed by a plan that establishes parameters so that the other activities that support benefit from and can continue to operate according to the demands of the markets and the needs that arise.

KEYWORDS:

Cruise tourism, economic impact, environmental positioning, Republic of Panama, culture, cruise ships

INTRODUCCIÓN

Desde los inicios en el año 2019, se presentaba por primera un virus en China, en la ciudad de Wuhan localizada en la Provincia de Hubei, y que para el 30 de enero de 2020 la Organización Mundial de la Salud (OMS) declaró a nivel mundial una emergencia de salud pública de mucha importancia internacional (ESPII), según el Reglamento Sanitario Internacional como resultado del brote de nuevo coronavirus.

Posteriormente el 11 de marzo de 2020, la OMS declaró la pandemia por el coronavirus como resultado del alto número de casos y las afectaciones e impactos alrededor del mundo (Banco Mundial, 2020). Desde esa fecha, según el informe El trabajo en tiempos de pandemia fue el mayor desafío de todo el país frente a la enfermedad por COVID-19.

La Pandemia COVID-19, ha afectado de forma catastrófica a las actividades operativas de las empresas y entre ellas a las grandes líneas de cruceros, quienes para el año 2019 transportaban alrededor de 4.000 hasta 5.000 mil pasajeros y en esos casos utilizaban unos 2,500 tripulantes de todas las especialidades, para brindar a bordo alimentación, hospedaje y diversión además en algunos casos las excursiones en tierra.

Por otro lado, hay que destacar que el COVID-19 ha traído consigo un desbalance en el ámbito económico y laboral de manera inesperada, que ha llevado a los empresarios a reinventar sus funciones o procesos administrativos y empresariales, con el fin de continuar trabajando y que han tenido que ajustarse a las exigencias del entorno actual, para poder subsistir y permanecer en el mercado, a pesar de ser uno de los negocios más seguros para el transporte y desarrollo turístico por excelencia.

GENERALIDADES DEL IMPACTO DEL TURISMO DE CRUCEROS

El impacto económico y cultural del turismo de cruceros ha sido muy poco consultado, aún más que el estancamiento durante la pandemia, ha impedido que se desarrollen de manera local para poder mantener viabilidad y sostenibilidad de los receptores turísticos a nivel de Panamá y Centroamérica.

La Autoridad Marítima de Panamá entre sus principales roles están la de desarrollar las siguientes funciones: proponer, coordinar y ejecutar la Estrategia Marítima tanto nacional, así como internacional. Adicionalmente, recomienda políticas y acciones, ejerce actos de administración, y hacer cumplir las normas legales y reglamentarias referentes a la industria marítima de cruceros al momento de su arribo al país.

La República de Panamá y el Gobierno Nacional a través del Decreto No. 829 del 24 de agosto de 2021, autoriza el embarque y desembarque de pasajeros de cruceros, mini cruceros, naves de gran calado, yates, mega yates, yates de uso comercial, entre otros, a partir del día 26 de agosto 2021 después de los problemas ocasionados por la pandemia, arribando el primer crucero con nombre Star Breeze de la línea Windstar Cruises, la cual opera cruceros de menor tamaño, calado y de lujo proveniente de Europa, Pacífico Sur, el Caribe y Centroamérica.

Es muy importante destacar la logística que deben cumplir todos los pasajeros y tripulantes de los cruceros que arriben a Panamá, deben contar con esquema de vacunación completo contra el Covid- 19, pruebas negativas y cumplir con las normas establecidas de ingreso a nuestro país por vía marítima y aérea. Panamá ha sido considerado para ser el home port y realizar embarque y desembarque de pasajeros quienes se unirán a la travesía y otros retornarán a sus hogares utilizando el Aeropuerto Internacional de Tocumén.

El sector turístico ha tenido un gran peso en la economía panameña aumentando directamente el 5% del PIB, y hasta el 15% de manera indirecta a través de restaurantes y comercios.

Según datos de la Autoridad de Turismo de Panamá (ATP), el ingreso de visitantes por los cruceros, estadísticamente se incrementó un 75.9%, en 2016 ingresaron 217,561 y en 2017 la cifra aumentó a 382,626 visitantes, esto indica que los cruceristas representan el 15.2% de los turistas que entran a nuestro país.

El impacto económico de cruceros según registros de la ATP, los visitantes se dirigen a las áreas atractivas que tiene Panamá luego de desembarcar de algunos de los cruceros que arriben al país a través de sus puertos en Colón, como son las Esclusas de Agua Clara, Portobelo, Fuerte San Lorenzo, Zona Libre de Colón, Esclusas de Gatún; mientras que otros optan por visitar las tiendas de Albrook Mall, en la ciudad capital, conocer el Casco Antiguo y las Esclusas de Miraflores.

Por otro lado existe el impacto indirecto en la economía, que tiene que ver con el incremento del consumo en general y las ofertas de empleo ya que obligarían a las empresas que brindan servicios y ofrecen los mismos a contratar personal para cubrir la demanda que se requiera.

El impacto sociocultural es una relación que existe entre los visitantes provenientes de los cruceros y de los lugares que visitan que pueden darse muchas situaciones positivas y negativas de igual forma, dependiendo de la interacción que exista. Es decir, quienes visiten los territorios solo lograrían ver muy por encima del entorno local y segmentado.

En caso de las aglomeraciones de puedan generarse de visitantes a lugares no acostumbrados a la aglomeración, puede que no sean bien visto ni aceptado, eso también puede influir en la economía local.

Para el mes de septiembre de 2022 hasta el mes de mayo de 2023 según estadísticas, los cruceros podrían generar un impacto económico de aproximadamente unos US$10 millones, eso indicando que pueden acogerse al Plan Estratégico establecido para estos fines.

Por otra parte, un informe anual sobre el estado de esta industria, elaborado por la Asociación Internacional de Líneas de Cruceros (CLIA) reveló que más de 30 millones de personas les gusta tener la experiencia de viajar en crucero, los lugares escogidos por los europeos y de Norteamérica, equiparan Centroamérica, las Islas del Caribe y Suramérica.

Todos los cruceros han sido remodelados para adaptarse a los requerimientos de los pasajeros, algunos no disponían de grandes teatros, salas de realidad virtual, bares y restaurantes, como los gigantes del mar, sí que cuentan con cabinas forradas de madera con lujosos baños en suite, salones comedores con sofás de cuero y vistas al mar, cocinas equipadas y amplias zonas de terraza con hamacas para relajarse con una puesta de sol.

Los puertos y los cruceros son infraestructuras auxiliares en tierra y en el mar, y buscan satisfacer a los viajeros aplicando dinámicas, creando nuevos servicios a bordo y en los puntos de atraque, lo cual juegan un papel fundamental en este desarrollo de la industria de cruceros y de las actividades comerciales locales.

La comodidad de no tener que mover maletas de un día para otro, de no tener que acomodarse a la nueva habitación cada noche, es el secreto del auge de este tipo de turismo es la calidad, la variedad, buscado la satisfacción de todos los gustos y la innovación constante, para ofrecer nuevas experiencias a los visitantes habituales, haciendo un gran esfuerzo para aumentar la calidad de servicio sin encarecer el precio del paquete, basado en criterios económicos de optimización de recursos y ocupación de todos los involucrados en esta actividad económica.

Cada servicio que ofrecen los cruceros está compuesto por dos aspectos: servicios a bordo y servicios en tierra, los cuales se distinguen los de a bordo los importantes que buscan los viajeros: el camarote para dormir y restaurantes donde deleitarse. Por otro lado, la seguridad, espacios distracción y sobre todo al precio. Lo mamparos del lado de la división en cubiertas, niveles verticales, y otros.

METODOLOGIA

La realización de este proyecto conlleva los análisis de los datos referidos de las páginas oficiales como la AMP (Autoridad Marítima de Panamá) y la ATP (Autoridad de Turismo de Panamá). Adicional se tomó referencias de los análisis durante los años 2020 y pronósticos para años venideros, usando las causales como la aparición del Covid-19 y sus efectos en el desempeño del turismo a nivel nacional.

Por ende, este proyecto tiene como base documental, utilizando bibliografía relevante al estudio del turismo de cruceros, tópicos y datos correlacionados, enunciados de las páginas oficiales de la OMT, ATP y CAMTUR y muchos otros artículos de prensa relacionados al tema en sí.

Entre otras cosas, se han utilizado información especializada en el tema, recursos electrónicos, reseñas, periódicos digitales y blogs, que han desarrollado temas referentes al turismo de cruceros con el fin de contextualizar este tema dentro de la nuestro territorio, sus beneficios, virtudes y dificultades luego del Covid-19.

Esto lleva un enfoque cualitativo ya que amerita exponer el problema de investigar o adentrarse dentro de un escenario social. Los enfoques cuantitativos tienen que ver más que nada con la información o data que se relacionan con la investigación, mismo que este enfoque no brinda de cierta manera conclusiones que se puedan utilizar para la investigación, es decir que resulta meramente escasa.

EL EFECTO DE LA PANDEMIA EN EL TURISMO

El primer Plan Maestro de Turismos Sostenible se planteó con la finalidad de valorizar la oferta del país de manera global (2007-2020), luego del COVID-19 se rediseñó y estructuro un nuevo Plan Maestro de Turismo Sostenible (2020-2025), debido al detenimiento de origen incierto, obligando a revisar las estrategias y plantear objetivos dados a los nuevos cambios originados por la pandemia.

Bitar (2013) expresa que si bien el futuro es impredecible, es necesario identificar posibles escenarios, a fin de suponer las consecuencias que eventos no considerados pudieran acarrear, estos escenarios son estudiados por la prospectiva, para que la planificación, construya rutas en consecuencia.

El efecto en Panamá de potenciar de una manera urgente el desarrollo del turismo de cruceros en la región, va de la mano con la necesidad de repuntar una economía meramente mermada por la aparición del Covid-19 y de las restricciones que impidieron un avance sostenible d este rubro en la economía.

Las actividades de cruceros luego del Covid-19 ha tornado las condiciones para ejercerlo, muchos más difíciles, ya que se deben cumplir con una serie de protocolos en los planes de continuidad y recuperación en el ámbito turístico, ya que deben complementar con las salubridad y garantías de seguridad sanitaria para los visitantes y quienes los recibimos, y a su vez todos los que se relacionan con estas actividad.

Cabe mencionar que el negocio turístico como lo son los cruceros es importantes porque ejecutan una cadena de eventos donde cada uno cumple con las funciones que le equivalen, sintiendo de este modo los beneficios de la actividad, por ende, es de suma importancia estudiar y fortalecer estos vínculos con las demás actividades que se benefician.

Dicho de esta manera, actividad económica que forma parte del desarrollo de los cruceros turísticos es una actividad relativamente reciente, aunque el concepto de viajes recreacionales en cruceros se empezó a desarrollar desde la antigüedad. Con la visión de que la etapa de cruceros representaría una entrada económica que destaparía de manera global un modelo único de turismo.

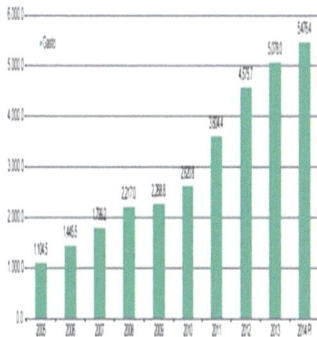

Fuente: Autoridad de Turismo de Panamá
* Los Gastos Turísticos incluyen el renglón de viajes de la balanza de pagos y el transporte internacional

Los primeros cruceros se dieron durante los viajes de placer en el auge de Egipto, como destino turístico. Para ese tiempo los romanos ya organizaban pequeños tours por el ancho Mar Mediterráneo, se daban las visitas a Capri o las islas de la Bahía de Nápoles.

Las grandes migraciones a mediados del siglo XIX y principios del XX se desplazaban todo Europa hasta América, e impulsaron el desarrollo de nuevas técnicas de construcción naval, que permitieron desarrollar buques mucho más grandes e implementando aspectos de los que hoy se ven, a modo recreacional con el fin de satisfacer la exigencias de la época.

Basados en los hechos anteriores, hay que hacer énfasis que interactuar e implementar normas que ayuden a que el plan de desarrollo de la actividad de cruceros sea viable, es utilizando las informaciones que han reforzado la actividad en el pasado y a su vez, alternar las nuevas métricas y conocimientos actuales para el desarrollo de los factores de avance y que todos se vean beneficiados con los resultados que se consigan.

Para facilitar la comprensión de la metodología se precisan etapas con los métodos y técnicas más generales que se utilizarán:

Etapa I. Preparación previa

De acuerdo con el Plan Maestro de Turismo Sostenible 2020-2025, la visión que ha quedado definida tiene un encaje muy natural la puesta en valor de este motor económico y de posicionamiento.

Tanto los postulados que defienden, aún de plena vigencia, como el estado de conservación de los recursos naturales y culturales del país, justifican esta apuesta que defiende la interacción beneficiosa que se puede construir entre la conservación de dichos recursos, la investigación rigurosa que se haga sobre ellos y el desarrollo turístico como fuente de valor para los propios recursos, no sólo económico, sino de relevancia e imagen a nivel mundial.

Esto aumenta de manera efectiva el atractivo de los turistas al desembarcar y escoger nuestro país como lugar para descansar y aprovecharse de las diversidades que ofrecen.

La estrategia de puerto base que es la que más impacto económico genera porque cuando los turistas llegan a abordar el crucero en Panamá, estadísticamente suele quedarse una o dos noches en la ciudad, así que esa es la que más impacto económico genera y más pueden disfrutar de Panamá.

Hoy día Panamá enfrenta desafíos a nivel internacional en competitividad turística, ya que durante el desarrollo de la pandemia varios proyectos se vieron desplazados o en suspensión, entre esos los Puertos Bases, que tienen vital importancia para el desembarque de los visitantes, ya que estos promueven el desplazamiento seguro a tierra firme. Sin embargo, parte de los planes a futuro por parte de la ATP, es recobrar la elaboración de más puertos bases para seguir siendo competitivos a nivel global como destino turístico

A la hora de analizar el turismo de cruceros es necesario tener en cuenta, en primer lugar, el comportamiento del mercado a grandes rasgos, en un entorno cambiante, donde los agentes implicados en el negocio interactúan con el propio consumidor, de ahí la importancia que adquiere, el dejar de relieve las líneas de actuación del sector y las principales estrategias de marketing que consideran las compañías actualmente.

Lo que ofrecen los destinos (experiencias y oportunidades de consumo turístico) es atractivo para algunos tipos de consumidores (segmentos). Los destinos de todo el mundo trabajan para que sus propuestas de valor tengan fortalezas competitivas que la hagan diferenciarse de otros, sobresalir y resultar más atractivas por un precio similar. Así, a partir de una propuesta de valor excelente y diferenciado, y se generan destinos exitosos.

Parte de la preparación, incluyen las Islas del Archipiélago de las Perlas, Taboga, Saboga, Contadora, haciendo viable los desembarques de las personas para que puedan visitar dichos lugares. Por otro lado, el Golfo de Chiriquí, han presentado alternativas turísticas viables, que aunado a los minis cruceros que prestan servicios de traslado a los diferentes lugares aledaños, prometen una experiencia turística memorable y atractiva para los que desembarcan en busca de otras alternativas a sus itinerarios de viaje. Adicional, desarrollar cadenas turísticas a las regiones como Gamboa que tienen recursos que aportar para la apreciación de los visitantes.

De acuerdo con las estadísticas oficiales, las llegadas internacionales a Panamá han mantenido una tendencia creciente después de la entrada en vigor del actual Plan Maestro, y esto tanto en el escenario conservador, pero en los últimos dos años se observa una contracción de las llegadas, que sitúa el nivel de turistas.

El plan estratégico de emprendimiento que utiliza la República de Panamá aplica diferentes tipos de experiencias que se pueden vivir en los destinos turísticos panameños y que aún no han logrado suficiente tamaño en el mercado o impacto en la imagen del país, razón por la que no aparecen en el listado anterior.

Algunos ejemplos serían:

- Turismo náutico: El turismo náutico combina la navegación con actividades vacacionales. Las personas pueden viajar a diferentes puertos, o también unirse a diferentes eventos realizados en un barco. Es por eso que se ha llegado a convertir en una de las formas preferidas de viajar de muchos.

- Pesca deportiva: La pesca deportiva en Panamá es asombrosa, a pesar de ser un país muy pequeño, cuenta con grandes recursos costeros, dos océanos (Pacífico y el Caribe), hermosos lagos que alimentan al Canal de Panamá y cientos de ríos y estuarios, lo que lo convierte es un destino privilegiado.

- Juegos de azar

- Entretenimiento: tiene que ver con los recursos que tiene el país para ofrecer entretenimiento a los turistas, casinos, bares, hoteles, parques recreativos y actividades al aire libre.

- Gastronómico: Esta categoría al Panamá ser un país con amplia culturalidad nos llama a ser un país poli cultural lo que nos trae consigo que la variedad gastronómica crezca y a la vez que los turistas quieran venir a vivir la experiencia cultural gastronómica de nuestro país. Todas las regiones del país poseen oferta gastronómica muy variada entre ella podemos encontrar comida asiática, americana, europea, afro colonial y Afroantillana.

- Turismo cultural (per se): Conocer sus tradiciones o costumbres, probar su gastronomía e interactuar con su gente, son algunos de los elementos que definen al turismo cultural y en ese caso Panamá como país brinda en este aspecto un gran atractivo o destino turístico ya que a lo largo del territorio la muestra cultural es tan diversa y con ello la oferta de los diferentes atractivos.

- Visitas a pozos termales

- Turismo médico o wellness: La palabra 'wellness' asociada a un tipo de turismo que habitualmente rehúye del estrés y que busca bienestar físico y psicológico, turismo asociado a la salud y a la experimentación de la naturaleza.

- Visitas a comunidades indígenas: Más que nada se relacionan con visitas a comarcas y pueblos indígenas autóctonos donde pueden compartir con los lugareños de danzas tradicionales y comidas.
- Visitas a granjas agro turísticas: Donde encontraran diversidad de animales de granjas y productos agrícolas.

- Parques naturales: Más de un tercio del país está conformado por reservas naturales protegidas, enfocadas a la conservación de sus ecosistemas. La mayoría de estas áreas protegidas son parte del sistema de Parques Nacionales, que incluye 13 parques nacionales y marinos y un parque internacional

Estos otros con un enfoque diversificado:

- Turismo científico: Uno de los tipos de investigación científica más común en Panamá es la observación de aves, tanto locales como migratorias. Existen dos importantes reservas en la región noroeste de nuestro país para estos fines: Parque Nacional Volcán Barú y el Parque Internacional La Amistad (Costa Rica y Panamá).

- Turismo ecológico: es un enfoque de las actividades turísticas en el que se ofrece la observación del medio ambiente.

Etapa II. Desarrollo de la investigación

Parte de esto requiere analizar el impacto que se desarrolla en este medio, los que se efectúan directamente son las estancia de las navieras en los puertos, los aportes de los turistas y tripulación en gastos y entre más lleguen viajes de ese tipo, mayores infraestructuras serán desarrolladas.

Esto amerita que a medida que embarcan o desembarcan de los puertos de cruceros, pueden ir de compras, comer de nuestra cocina tradicional, realizar actividades, visitar lugares ecológicos e históricos, todo esto representa un gran aporte económico la operación de cruceros en la región.

El impacto indirecto de estas actividades tiene que ver con el consumo y los empleos que se requieran para cubrir esas áreas.

Los datos oficiales arrojan información muy relevante acerca del grado de ocupación que tienen los hoteles de Panamá al desembarque de los viajeros de los cruceros con la tendencia que sigue siendo creciente y con cifras oficiales.

Esta tendencia es especialmente es bien recibida por la República de Panamá, donde se pretende que en dos años se tiene programado el aumento en el área hotelera de 17.900 habitaciones a más de 20.000, en un entorno de rentabilidades, pero debido a la pandemia hay una afectación del cual el país y la industria de cruceros se encuentran haciendo emprendurismo para afrontar la crisis.

A pesar de no existir un sistema de clasificación hotelera, Panamá sí se ha dotado de un Sistema de Calidad, diseñado en base a los requisitos del sector privado y que también satisface las prioridades del sector público.

Se aprueba normativas para tres sectores:
• Agencias de viaje (Tipo A y Tipo B, las recogidas en la Ley)
• Guías
• Hoteles

Es importante señalar que en la actualidad la ATP está en vías de fortalecer y garantizar el mejoramiento de la infraestructura de cruceros (HOME PORTS), dando hincapié al reconocimiento de los pequeños cruceros, los cuales también apoyan la visión de convertir a Panamá en un destino turístico sostenible de clase mundial ya que ellos son los encargados de distribuir a los turistas para visitar los destinos , sobre todo impulsando la economía y dando a conocer todos los destinos que hay en el país.

Etapa III. Viabilidad de la investigación

El objetivo principal es abordar el principio de conocer de qué manera se justifica las modificaciones y adaptaciones que se han elaborado al Plan Maestro de Turismo Sostenible para enfrentar la post pandemia y el impacto resultante de estas modificaciones a la economía y desempeño de Panamá ante el sector turístico de cruceros.

El turismo representa entre muchas formas, una manera viable para los países que explotan potencialmente las bondades con los que cuentan localmente, buscando alternativas para sustentar un auge económico y de esa manera, aportar al crecimiento del mismo.

La República de Panamá cuenta con una estratégica posición geográfica y muy atractiva al turista y diversos elementos que impulsan el turismo entre ellos se destacan: la promoción del país como destino turístico, la conectividad del transporte internacional y local está ultima se beneficia, lo cual además por las cortas distancias para recorrer el país, el desarrollo de hoteles, amplios servicios complementarios (agencias de viajes, operadores de turismo entre otros, y la disponibilidad de una gran oferta de restaurantes (PANAMÁ UNO DE LOS SEIS PAÍSES LATINOAMERICANOS MÁS COMPETITIVOS DEL MUNDO EN TURISMO, 2017).

El turismo de cruceros ha despertado los intereses de los gobiernos de países como Panamá y el resto de los países centroamericanos, ya que ven como una oportunidad de lograr vender los atractivos turísticos que se posee, generar crecimiento económico, desarrollar empresas e inversiones, de igual forma despertando el potencial ecológico para estudios de flora y fauna, que resultan atractivos para los amantes de la naturaleza y del entorno.

Entre otros aspectos que podemos señalar, el turismo de cruceros resulta viable porque abarca enfoques sociales y económicos, aunque es un poco critico que luego del Covid-19, que no se retomara con premura esta actividad tan importan, cabe destacar que ha sido de vital importancia para el sector económico reconocer su vulnerabilidad como importancia y que amerita un plan que despegue y destaque la potencialidad que ofrece y los recursos que pueden añadirse para su total desempeño.

Por ende se tomara en cuenta las opiniones de una muestra determinada de personas que objeten este tema a investigar y brinden su punto de vista. Documentarse basados en material bibliográfico accesible y data relacionada a los temas turístico y de cruceros desarrollados en la región.

a) Resultados

Se ha podido determinar que a partir del año 2000 y con 1.250 barcos con 1,6 millones de pasajeros, dejando ingresos superiores a los 151 millones de dólares, comienza una historia del desempeño del turismo de cruceros a nivel nacional.

No obstante, cabe destacar que es difícil argumentar sobre los beneficios a terceros relacionados con el aporte de los cruceros a la fecha debido que no hay información fidedigna que destaque o señale su enfoque a la economía, pero si sabe que es de beneficio para estos sectores. Puede ser viable, para futuros estudios, tomar en cuenta estos puntos y enfatizar los beneficios a los demás sectores económicos para tener referencias.

La importancia que tiene el turismo de cruceros no solo para la economía, sino para darse a conocer como punto de referencia a nivel mundial, es lo que vende a nuestro país como atractivo y por ende siempre es buscada como destino turístico.

Los aportes económicos secundarios como lo son los guías turísticos, transporte selectivo, servicios, restaurantes entre otros, son difíciles de determinar cuan eficiente es su impacto reflejado en el turismo de cruceros, sin embargo es relevante porque de esa forma se puede plantear, que dichos turistas que desembarcan para aprovechas las bondades del país, están determinados a gastar y sustentar la actividades propias de la región.

Se ha determinado que luego de estos inicios, se ha desarrollado planes y métricas para llevar a cabo un desempeño del turismo de cruceros en la economía local, uniendo esfuerzos con las agencias nacionales e internacionales encargadas de promocionar a Panamá como destino no sin antes manifestar la necesidad de que los gobiernos participen de dicho plan de desarrollo luego de un desplome durante la pandemia del Covid-19.

La necesidad de innovar manifestó también la capacidad de despertar nuevos métodos de análisis en cuanto a la crisis, que se suman otros factores sociales y culturales, aunados a todo lo que pasa de manera externa que de alguna manera afecta a Panamá e incluye al turismo y la urgencia de apoyar a dicho sector.

Por otro lado, la innovación creció debido a la incertidumbre y las quejas de usuarios que manifestaron la falta de planeación y de protocolos, una vez se organizaron los viajes nuevamente. Esto se debió a las demoras en desembarque, la falta de seguimiento y control en cuanto al esquema de salud solicitado al llegar a suelo panameño, por ende la demora en desembarque y la disposición del turista para organizarse y salir a explorar por la cantidad de tiempo invertido en estos menesteres. Una vez subsanado este tema, se pudo llevar a cabo una importante mejoría tanto de infraestructura como en organización.

COMPORTAMIENTO DEL TURISMO DE CRUCEROS EN LA ACTUALIDAD

Impacto Económico en el Turismo de Cruceros en la actualidad tiene un comportamiento del sector turismo, y a través de la actividad de hoteles y restaurantes y a pesar de no constituir la totalidad del sector, permite obtener un indicador importante para el país. Esta actividad representa un incremento para el PIB (B/.576.5 en millones). El mismo ha aumentado en los últimos años.

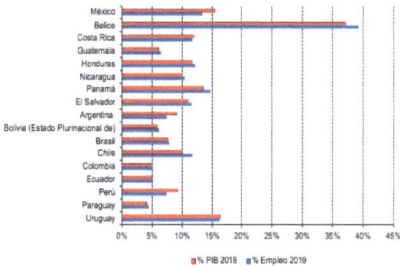

Gráfico 4
América Latina, contribución total de viajes y turismo respecto al PIB y al empleo
(En porcentajes)

Una de las reclamaciones más intensamente repetidas por los miembros del sector turístico externos y consultados para la redacción de este diagnóstico, tiene que ver con la carencia de información estadística fiable y relevante que permita definir entre otras cosas, al cliente actual y, sobre ello tomar decisiones de inversión, marketing, etc. Esta carencia se refiere tanto al turista internacional recibido en el país como al turista interno.

Para esta carencia es necesario para el cálculo de la Balanza de Pagos y se cuenta en ATP desde el año 2016, de acuerdo con encuestas realizadas por la Contraloría General de la República cuyos resultados no han sido explotados hasta la fecha por distintos motivos, pero que permiten definir con algún detalle al visitante internacional que está recibiendo el país.

Se determina por otra parte, que es importante hacer hincapié en los sectores que secundan el turismo de cruceros, los que tienen que ver con los servicios, gastronomías, compras y demás, con el fin de validar que impacto se tiene producto de la actividad principal y que ingresos económicos aportan a la economía.

Esto es justificable debido a que luego de la pandemia del Covid-19 es bien difícil determinar índices de productividad y cuestionar sobre los planes que se habían trazado para el ejercicio del turismo en nuestro país.

¿COMO HACER DE PANAMÁ UN CENTRO DE INTERES EN EL TURISMO DE CRUCEROS?

La temporada de cruceros en Panamá empieza a partir de los meses de enero y febrero, contribuyendo a la reactivación económica, mismo que beneficia a los hoteles, restaurantes, transportes, comerciantes, centros comerciales y porque no, a los que lucran operando licencias turísticas en Panamá.

Siendo el Canal de Panamá, uno de los centros de atracción por su importancia para el transito multimodal y de pasajeros, se apunta con interés dentro de los itinerarios para mostrar al turista internacional, su manejo y relevancia para nosotros como nación, ya que de cierta manera es motivo de orgullo reconocer el desempeño de la administración panameña en una obra de esta magnitud.

La conceptualización histórica de nuestro país también debe ser un atractivo turístico, como visitar Panamá la Vieja, Fuerte San Lorenzo, Portobelo o el Casco Antiguo, sitios donde impera parte de nuestra cultura y costumbres.

El interés de las entidades gubernamentales en el campo del turismo en Panamá, también apuntan a la naturaleza, playas, balnearios, hoteles de playa y el comercio en general, según se conoce, se están logrando acuerdos de cooperación y asesoramiento para lograr el beneficio general con el desempeño de este rubro.

Se están incluyendo de manera que también puedan participar de los planes de reactivación económica a las compañías que promueven pequeños tours a lugares turísticos, playas, islas, ferias regionales e internacionales y demás, ya que le brindan una alternativa de que actividades hacer mientras visitan Panamá.

ACERCA DE LAS INFRAESTRUCTURAS

Desde la implementación del Plan Maestro de Turismo Sostenible para este periodo, se hizo justificable la creación de mayores y mejores infraestructuras siendo justificables ante la creciente oleada de visitantes, después del encierro forzoso durante la pandemia del Covid -19 a principios del 2020, brindando el tiempo necesario para hacer ajustes y reedificar proyectos como estos, de brindar un mejor panorama de turismo.

Como bien se sabe, Panamá posee 2 puertos de embarque de cruceros que son Colon 2000 y Amador, ubicada en Isla Perico, siendo esté de mayor relevancia ya que posee una superficie de 8.5 hectáreas, cuenta con muelle con capacidad de recibir 2 embarcaciones de gran envergadura, siendo esta la primera en el Océano Pacifico.

Siendo Panamá un lugar de enlace también se considera un lugar de embarque, es decir, los turistas llegan a Panamá para embarcarse en sus cruceros a los destinos que hayan elegido para vacacionar, por ende, en aras de esto último, se rediseño y amplio el Aeropuerto Internacional de Tocumen.

Desde este punto de vista, la Terminal de Cruceros de Amador se diseñó para 2 cruceros y más de 5000 visitantes, cumpliendo con las normas ambientales de flora y fauna, dando una ventaja estratégica a la ciudad y una fuerte inyección económica proyectada al crecimiento turístico de la región.

ACERCA DE LOS APORTES ECONÓMICOS

De acuerdo a como es el hábito del gasto para un turista, así se verá reflejado en la economía. Sin embargo, también se ve el incremento del empleo informal, es decir de aquellas plazas de trabajo donde ofrecen suvenires, alimentos y demás elementos llamativos que no se encuentras en las zonas donde comúnmente van los turistas (centros comerciales) y que suelen ser llamativos y considerarse algo de cultura local.

Aun se deben ver los ajustes del plan maestro de desarrollo sostenible en cuanto al sector turístico de cruceros, ya que aún hay que valorizar los resultados de todo este impacto para el año 2023, a finales de mayo, según cifras estimadas, alrededor de unos 10 millones de dólares representaría el aporte de esta temporada a la economía.

CONCLUSIONES

Podemos indicar que el turismo de cruceros posee potencial para la República de Panamá, ya que la localización geográfica que posee es más que envidiable y desde su construcción no ha cesado de brindar el paso a los miles de barcos que transitan nuestras aguas periódicamente.

Aunado a esto, también podemos señalar que la construcción de mega cruceros incrementa posibilidad de un aliciente económico ya que de diferentes estratos sociales, acudirían a los puertos panameños como una oportunidad de interactuar con la economía local y sus diferentes mercados.

Entre otras cosas, los cruceros impactan positivamente ya que no solo benefician al sector turístico, benefician a los que brindan servicios, transporte, gastronómico, hotelero y demás involucrados indirectamente.

Si bien es cierto que con la llegada de la pandemia, hubo restricciones tanto en la salud como al libre goce y esparcimiento, también fue motivo de materializar posibles soluciones para ayudar al despegue de la economía que ha sido bastante golpeada y que requiere nuestro apoyo para lograr nuestras mestas.

Las participaciones del sector turístico y gubernamental para el desarrollo de este y otras áreas de importancia económica, se han visto acompañadas por la diversificación que se les puede añadir a los ya existentes para el desarrollo del turismo, apoyando a los demás involucrados. Sugerir estudios que ahonden más sobre los beneficios del turismo de cruceros, darían señales hacia donde apuntar para trabajar de la mano con la economía local, ayudar a exponer las fortalezas del sector y asumir riesgos en pro de mejoras, con el fin de diversificar y atraer, ser siempre una opción sobresaliente ante

Por otro lado, la introducción de Panamá como un destino mundial se lleva a cabo con la idea de realizar un Plan Maestro de Turismo con la finalidad de implementar mejoras en el área turística, instruir al personal para atender al turista y colaborar con los recursos locales, que beneficien a los participantes y sea de motivación para incrementar el turismo a nivel nacional e internacional.

Las ventajas de la conectividad aérea (Aeropuerto de Tocumen) y el home port (Amador y Colón 2000) para cruceros y demás embarcaciones, son de suma importancia y brindan ventajas al sector turístico de Panamá. Por otro lado, al poseer infraestructuras logísticas que promueven a Panamá como país de gran crecimiento económico y competitivo de la región, en el que se puede invertir y visitar aprovechando los innumerables recursos que posee.

Agradecimiento

Agradecemos infinitamente al Dios Todopoderoso por darnos el entendimiento, la sabiduría, y sobre todo la vida y la salud cada día.

Él es quien nos ha dado el apoyo y la enseñanza en cada momento para cada detalle de instrucción y aprendizaje para la construcción de este artículo.

Bendiciones a cada lector.

EIRA N. ANAYA G.   Y   YAJEL N. DUFAU A.

Referencias

1. Bitar, S. (2013). *Las tendencias mundiales y el futuro de América Latina.* doi:ISSN 1680-8827

2. *Econopedia.* (s.f.). Obtenido de Econopedia:

   https://economipedia.com/definiciones/balanza-de-pagos.html

3. García Lopez, R. (11 de 05 de 2016). *APRENDE DE TURISMO ORG.*

   Obtenido de APRENDE TURISMO ORG.: aprendedeturismo.org

4. PANAMÁ UNO DE LOS SEIS PAÍSES LATINOAMERICANOS MÁS COMPETITIVOS DEL MUNDO EN TURISMO. (17 de 04 de 2017). Panamá. Obtenido de https://mire.gob.pa/panama-uno-de-los-seis-paises-latinoamericanos-mas-competitivos-del-mundo-en-turismo/

5. Valenzuela Castillo, M. d. (2020). Turismo en Panamá 2020. (I. E. Inversiones, Ed.) 12.

6. https://upinforma.com/nuevo/info.php?cat=opinion&id=1124#:~:tex

7. https://www.prensa.com/economia/se-dinamiza-el-turismo-con-llegada-de-cruceros/